Les vertus de la méditation

FIRST
ÉDITIONS

Issue du fond des âges, la méditation est aujourd'hui à la mode. Des mots comme « *mindfulness* » ou « pleine conscience » fleurissent dans les séminaires d'entreprise, tandis que la pratique de la concentration retrouve ses lettres de noblesse. Loin de nous l'idée de le regretter, bien au contraire, les vertus de la méditation sont multiples et soulignées depuis bien longtemps. Lisez plutôt...

La méditation, un antistress naturel

Nouveau domaine d'études privilégié des neurosciences, la méditation a montré depuis plusieurs années des résultats inégalés en matière de traitement de la dépression, de l'anxiété ou des états de stress généralisés.

Des résultats très nets et surtout durables, avec la mise en place pour le pratiquant de nouvelles habitudes de pensée et de comportement.

Dans le silence et l'immobilité, dans un nouveau rapport au corps, les méditants apprennent à se libérer des émotions négatives.

La nature évanescente des pensées

Un nouveau rapport aux choses consistera par exemple à prendre conscience de l'évanescence des pensées.

Réaliser que leur apparition est incontrôlable, concevoir l'impossibilité dans laquelle nous sommes aujourd'hui de savoir vraiment d'où proviennent les pensées ni pourquoi elles apparaissent à tel ou tel moment. Elles émergent – d'on ne sait où – puis s'évanouissent.

Constatant ceci – avec
beaucoup d'étonnement
le plus souvent – le pratiquant
devient plus enclin
à se détacher des pensées,
à les laisser disparaître comme
elles sont apparues. Pfuit !

Le méditant laissera alors s'évanouir à la fois les pensées et les émotions qui lui sont reliées, dans un même mouvement.

Un juste rapport aux émotions

L'idée générale de la méditation se résume en un slogan simple : « prendre les choses comme elles viennent ».

Le nom du Bouddha, fondateur de la méthode il y a plusieurs siècles, est à cet égard exemplaire : Tathagata, le « Tel Quel Advenu » ; celui

qui, arrivé sur terre en douceur,
a passé le reste de sa vie
à vivre simplement ce qui lui
était proposé.

Sans faire de vagues certes,
mais sans être passif,
incarnant parfaitement
ce qu'on appellera plus tard
la Voie du Milieu.

Appliquée à nos vies quotidiennes, cette façon d'être peut redonner beaucoup de légèreté à nos actions.

Quand une émotion désagréable apparaît, commencer par l'accueillir, l'accepter, pour lui permettre ainsi de disparaître naturellement. La liberté en résulte.

Retrouver le sens de sa vie, s'ouvrir à l'infini

Mais les vertus de la méditation ne s'arrêtent pas là.

Les textes anciens révèlent en effet, pour les personnes qui pratiquent régulièrement, l'émergence d'une nouvelle

compréhension, ou pour
le dire autrement, d'une forme
d'intuition sur le sens de la vie,
de la mort, et de l'univers.

Rien de très spécial
ou ésotérique. Non. Plutôt une
sorte de joie paisible invitant
à savourer les petits riens avec
un doux sourire.

Dans nos sociétés matérialistes, souffrant d'un manque de spiritualité et d'un manque de sens, cette ouverture est sans doute la plus précieuse.

Ne peut être vendu séparément
de la boîte *100 grammes de bien-être*

92, avenue de France – 75013 Paris – France
Tél. : 01 44 16 09 00 – E-mail : firstinfo@efirst.com
Site Internet : www.editionsfirst.com

Kankyo Tannier

Le ventre, source du bien-être

FIRST
ÉDITIONS

Ces dernières années, des documentaires ont fleuri sur l'importance de prendre soin de son ventre. Deuxième cerveau pour certains, source d'énergie pour d'autres, tout semble nous ramener vers ce centre, bien souvent négligé. Mais de quel centre parle-t-on exactement, quelles sont les vertus de cet organe méconnu et surtout comment en prendre soin ? En route pour un voyage au centre de nous-même.

Le ventre, deuxième cerveau

La découverte scientifique de ces dernières années est la suivante : notre ventre abrite quantité de neurones, échangeant de l'information. On parle de « système nerveux entérique », lequel fonctionne de manière autonome. En neurosciences, le critère d'échange d'informations est l'un de ceux présidant à la définition de la conscience. Il n'y a alors qu'un pas vers le constat suivant : notre ventre est conscient !

En dessous du bruit des gargouillis et autres borborygmes intestinaux, il y a donc un discours plus cohérent, une organisation abdominale élaborée, jouant un rôle primordial dans notre bien-être général.

Du côté de l'Ayurveda

Cette découverte, la médecine ayurvédique – médecine traditionnelle indienne – en a fait le constat il y a plusieurs millénaires. Aujourd'hui encore l'une de ses méthodes pour soigner

les maladies mentales est
de guérir le système digestif.
Soigner le ventre, prendre soin
des organes comme le foie, les
intestins, l'estomac, le côlon
s'annonce comme préalable
à tout autre traitement.

La voie royale de la santé et de l'équilibre intérieur devient donc celle de l'alimentation. Manger, certes, mais selon certains principes, pour faire des aliments une véritable médecine.

– manger lentement en mâchant soigneusement chaque bouchée pour aider notre ventre et lui simplifier la tâche. Effet immédiat : aucune somnolence après le repas

– manger à température ambiante ou tiède

– consommer des aliments naturels, non transformés, les plus simples possibles

– aider la digestion grâce à un bon usage des épices

– manger sans rien faire d'autre, en pleine conscience

– boire à distance des repas

Et le Hara ?

**Dans les arts martiaux,
le *Hara* (situé cinq doigts
en dessous du nombril)
constitue le grand centre
d'énergie de la personne.
C'est à partir de cette force,**

reliée à la respiration, que le samouraï abat son sabre sur la tête du méchant Shogun. Situé au milieu du corps, le *Hara* rayonne tel un soleil en direction de tous les membres.

L'idéal serait d'y être présent, c'est-à-dire de ressentir cette zone, le plus souvent possible. Se concentrer sur le ventre, loin du cœur et des émotions, permet de vivre les événements de la vie avec plus de stabilité tout en développant, peu à peu sa force intérieure.

Devenir le samouraï de sa propre vie en quelque sorte, en apprenant à être plus centré, plus concentré, plus droit.

La voie des arts martiaux devient alors un art de vivre au quotidien, dans son corps, et surtout dans son ventre.

Ne peut être vendu séparément
de la boîte *100 grammes de bien-être*

92, avenue de France – 75013 Paris – France
Tél. : 01 44 16 09 00 – E-mail : firstinfo@efirst.com
Site Internet : www.editionsfirst.com

Kankyo Tannier

Retrouvez le silence

F1RST
ÉDITIONS

Silence et sérénité font bon ménage. À l'écoute de ces deux termes, des images de retraite spirituelle, de monastères

perchés en haut d'une
montagne ou d'ermitages
en plein désert apparaissent
spontanément. Et pourtant...

Dans le Larousse, le mot silence a plusieurs sens en fonction du contexte : silence des mots, silence extérieur ou silence en musique.

**Vers chacun d'entre eux,
un chemin peut se dessiner
de façon beaucoup plus simple
qu'on ne l'imaginerait.**

Ainsi, même si votre quotidien est citadin, voire entouré de bambins pleins de vie, le silence vous est accessible.

Comment ? Suivez le guide !

Le silence des mots : une démarche révolutionnaire

À tout moment de la journée, sur des sujets aussi divers que la météo, la nouvelle coupe de cheveux de notre collègue ou l'avenir de la construction européenne, notre avis est sollicité. Nous voici sans cesse enjoints de commenter et d'argumenter – de façon cohérente de préférence – sur tout et n'importe quoi.

Souvenez-vous, tout ceci a commencé au collège avec la fameuse dissertation, grâce à laquelle d'augustes professeurs pensaient faire émerger notre esprit critique.

Depuis lors, analyses, commentaires, points de vue sont devenus une seconde nature. Chacun a un avis sur tout, avec semble-t-il pour mission de le faire connaître au plus grand nombre.

**Cette « obligation sociale »,
ce « point de vue nécessaire »
sont pourtant regrettables.**

En effet, d'après les penseurs unanimes, le chemin vers le calme intérieur emprunte un autre itinéraire. Il pourrait se résumer ainsi : pour calmer ton esprit, apaise ta langue.

Laisser nos contemporains disserter et garder le silence, démarche révolutionnaire s'il en est, est à la portée de tous.

Elle aura, de plus, pour vertu de faire écho à ces mots d'Euripide, au ve siècle av. J.-C. : « Le silence est la réponse des sages ».

Le silence en musique : l'exemple à suivre

Sur une portée musicale, le silence permet de faire une pause, de respirer ou de changer de rythme.

Ce qui est nécessaire en musique l'est aussi dans nos vies quotidiennes.

De même qu'il serait difficile d'imaginer une succession de notes sans interruption, laisser les pensées, discussions, actions s'enchaîner les unes aux autres sans prendre le temps de souffler, a tout d'une aberration.

**La démarche du sage
consiste toujours à s'adapter
au quotidien plutôt
qu'à le bouleverser.**

Il vous est donc proposé ici – tout simplement – d'insérer aux heures quelques grammes de silence : lever les yeux

pour regarder le ciel, éteindre
la radio, sourire sans un mot,
écouter votre silence intérieur,
sentir vos pieds sur le sol.

Dans tous ces petits riens, le silence se niche. Comme autant de victoires sur le temps qui défile.

Le silence devient ainsi l'endroit où le temps se déploie, comme pour faire un écrin aux moments qui vont suivre.

Ne peut être vendu séparément
de la boîte *100 grammes de bien-être*

92, avenue de France – 75013 Paris – France
Tél. : 01 44 16 09 00 – E-mail : firstinfo@efirst.com
Site Internet : www.editionsfirst.com

Kankyo Tannier

Les mots de la sérénité

FIRST
ÉDITIONS

« Mon Dieu,
Donnez-moi la sérénité
D'accepter
Les choses que je ne peux pas changer,

Le courage
De changer les choses que
je peux,
Et la sagesse
D'en connaître la différence. »

L'origine de ce texte est inconnue. Certains l'attribuent au philosophe grec et empereur Marc-Aurèle. D'autres la font naître au début

du XXe siècle. En apparence, il s'agit d'une prière adressée à Dieu. Mais il est également possible de la réciter en son for intérieur, pour rediriger ses pensées dans une nouvelle direction et prendre du recul.

La prière peut alors s'exprimer ainsi :

« Puissé-je avoir la sérénité d'accepter les choses que je ne peux changer, le courage de changer les choses que je peux changer, et la sagesse d'en connaître la différence. »

Un mantra pour aller bien

Cette prière ressemble à un mantra, ces prières bouddhistes ou hindouistes répétitives. Comme un mantra, elle est courte et facilement mémorisable. L'idée du mantra est de remplacer des pensées négatives ou confuses par une phrase ou un chant élevé, qui nous inspire.

Vous pouvez ainsi la répéter souvent, comme les paroles d'une ritournelle, et laisser son sens profond imprégner vos heures.

Un sens profond et positif

Dans sa formulation même, la prière de la Sérénité est pleine d'espoir et d'optimisme. Elle sous-entend que la progression est possible, que l'être peut évoluer vers plus de sagesse petit à petit. Elle donne également des clés précieuses pour diriger sa vie : ne pas se battre en vain, garder ses forces pour les choses qui dépendent de nous et apprendre à se concentrer sur l'essentiel. Ce n'est pas par hasard si ce petit texte a traversé les siècles.

Cette prière est aujourd'hui utilisée dans de nombreux groupes d'entraide, comme les Alcooliques Anonymes, l'une des instances les plus efficaces pour traiter cette addiction.

Comment l'utiliser ?

Se souvenir des choses qui font du bien, comme de cette prière, est parfois difficile. Le quotidien prend toute la place, les urgences se multiplient, le temps manque...

Pour la garder en mémoire, voici différentes astuces à mettre en place :

– la scotcher devant votre ordinateur

– la mettre en fond d'écran de votre smartphone

– lancer cette prière intérieurement lorsque vous marchez, faites le ménage, votre footing

– lui créer une mélodie, toute simple, qui vous accompagne…

Bonne route !

Ne peut être vendu séparément
de la boîte *100 grammes de bien-être*

92, avenue de France – 75013 Paris – France
Tél. : 01 44 16 09 00 – E-mail : firstinfo@efirst.com
Site Internet : www.editionsfirst.com

Kankyo Tannier

La méditation zen ou l'art de prendre du recul

FIRST
ÉDITIONS

La méditation est un art et non une technique. Grâce à des outils tout à fait pratiques, elle va permettre l'émergence d'une poésie du quotidien.

En s'appuyant sur des exercices concrets, voici de quoi faire de sa vie une œuvre d'art, par petites touches, pour laisser le sens de l'ensemble se dessiner peu à peu.

Mais tout commence par un constat…

Nos pensées circulent à toute vitesse, et de façon désordonnée. C'est souvent la première chose que l'on constate en s'asseyant en silence pour méditer.

Flûte ! On rêvait de faire le vide et c'est un trop-plein qui se révèle ! La plupart des apprentis méditants en resteront là, bien trop déçus d'avoir pris conscience d'un univers mental chaotique.

C'est dommage, car cette expérience même est fondatrice.

Prendre conscience est en effet le premier pas vers le changement.

Voir ce maelström mental et l'accepter pour pouvoir passer à la suite.

Qu'est-ce que le mental ?

Nos « pensées » se manifestent sous forme d'images, de sons ou de ressentis physiques (y compris les émotions vivant dans le corps).

Si l'on s'arrête un instant
et que l'on observe le contenu
de notre mental, nous
y verrons les choses suivantes :
de petits films intérieurs
(souvenirs, projections, formes

indistinctes, couleurs…), une « petite voix dans la tête » (qui analyse, commente, interprète) ou des sensations du corps (chaud, froid, lourd, mouvements, émotions…).

Cet ensemble constitue le mental. Chaque personne a un mode de pensée privilégié, image, son ou ressenti.

La méditation zen permet déjà d'en prendre connaissance et de mieux s'appréhender.

Que faire des pensées ?

Pendant la pratique de la méditation zen, il s'agit simplement de devenir conscient des pensées. Constater leur apparition et leur disparition. Toute la journée, le cerveau pense.

Le plus souvent nous suivons aveuglément le cheminement intérieur et beaucoup de décisions sont ainsi prises sans en avoir conscience.

Exemple : un personnage du film que vous regardez boit un soda, vous ouvrez la porte du frigo pour vous en servir un.

Pendant zazen (la méditation zen) le corps reste immobile. De ce fait, l’action est impossible et l’on va pouvoir mettre en place un autre rapport, plus détaché, à notre univers mental.

Pour ce faire, les très anciens textes comme le *Tso-chan-i* du maître chinois Tsung-tse (XIe siècle) sont des plus clairs : observer, sans rien faire, sans agir, sans commenter. Juste constater

depuis un autre point de vue
que le mental lui-même.
Ou pour le dire autrement,
garder la tête hors de l'eau
et observer « de loin ».

Penser avec le corps et prendre du recul

Grâce au zazen, le pratiquant découvre qu'il est possible de penser différemment.

Pour prendre une image, les pensées ne sont plus seulement localisées dans la tête, on parle d'une observation « corps-esprit ». De cette simple expérience naît une sensation

de soulagement. Comme si le trop-plein mental pouvait tout d'un coup devenir supportable, en changeant simplement de point de vue, séance après séance.

Ne peut être vendu séparément
de la boîte *100 grammes de bien-être*

92, avenue de France – 75013 Paris – France
Tél. : 01 44 16 09 00 – E-mail : firstinfo@efirst.com
Site Internet : www.editionsfirst.com

Kankyo Tannier

Cédez à l'appel de la nature

FIRST
ÉDITIONS

Difficile parfois de se souvenir de la terre qui dort sous le béton des villes. Et pourtant. Notre bien-être et notre équilibre dépendent d'un juste rapport à la nature et d'un contact apaisé avec celle-ci. Lorsque les êtres humains passent des journées sans regarder le ciel, ou que l'expérience de la forêt se limite à la « senteur des pins » des lessives, un malaise indéfinissable risque de s'installer. Là, au creux du ventre, comme un vide. Sa cause ? La perte des racines. Ses remèdes ? Ils sont nombreux et accessibles. Alors voici quelques propositions pour faire, nous aussi, notre grand « retour à la Terre ».

Semez, récoltez

Pas besoin de jardin, ni même de balcon. Achetez un pot, plutôt grand, du terreau, et quelques graines de fleurs. Placez l'ensemble à la lumière et, suivant le principe de la photosynthèse, des pousses vert tendre ont toutes les chances d'apparaître après quelques semaines. Bien sûr, vous aurez à arroser l'ensemble régulièrement, à prendre soin, voire à parler à vos petites protégées.

Mais quel plus grand plaisir
que de mettre les mains
dans la terre, de la retourner,
de la malaxer, de la renifler,
puis d'y glisser quelques

précieuses graines. Quelle plus grande joie que de voir la vie poindre sous nos yeux incrédules !

Certains, poussant l'expérience encore plus loin, installent des jardinières à leurs fenêtres, voire des ruches sur le toit des immeubles.

La pratique se répand, les abeilles butinent de-ci de-là, en pleine ville, et déposent les traces d'une vie sauvage autrefois oubliée.

Il paraîtrait d'ailleurs que le miel récolté est des plus savoureux : les jardiniers des villes et beaucoup de municipalités ayant fait aujourd'hui le choix du bio, les fleurs butinées sont de très bonne qualité.

Ainsi, par petites touches, la nature dans la ville reprend ses droits. Et tout ceci commence en plantant quelques fleurs : pensez-y !

Réveillez le loup qui est en vous

Le loup fascine. Sauvage et inquiétant, vivant en meute, il parcourt les forêts en toute liberté. Son territoire est immense, terrain de chasse et de reproduction. La vie du loup est rude, certes, mais il est doté d'une force et d'une résistance incomparables et peut ainsi rester plusieurs jours sans s'alimenter.

Comme le loup, il est possible de vivre connecté avec sa force vitale. L'idée peut sembler étrange. Pourtant chacun porte en soi, au cœur de son ADN, la trace de toutes les vies qui l'ont précédé :

des fragments ensauvagés, des comportements instinctifs, issus des chaînons de l'évolution si bien décrits par Darwin.

Il ne s'agit pas ici de laisser libre cours aux comportements primitifs ni de renier l'importance de l'ordre social.

Mais de constater les forces de vie qui nous animent et nous font agir pendant la journée. Comme les animaux.

Sentir, par exemple, dans son corps, les différences de tonus aux différents moments de la journée.

Ressentir l'énergie qui circule en faisant un footing. Sentir l'envie de se nourrir devant un bon repas.

Sentir à nouveau la vie couler en nous, comme un torrent ou comme une rivière.

Et en goûter la saveur unique.

Ne peut être vendu séparément
de la boîte *100 grammes de bien-être*

92, avenue de France – 75013 Paris – France
Tél. : 01 44 16 09 00 – E-mail : firstinfo@efirst.com
Site Internet : www.editionsfirst.com

Kankyo Tannier

La sérénité des philosophes grecs

FIRST
ÉDITIONS

Il est toujours touchant de dénicher dans des écrits millénaires des réponses aux questions des temps modernes.

**Trouver, au hasard
d'un échange, un texte ancien
s'appliquant au problème
du jour laisse apparaître
une communauté d'âme**

et de destin, traversant les âges.

Les êtres humains s'interrogent depuis des siècles sur le sens de la vie.

Depuis longtemps, ils ont proposé des chemins qu'il nous appartient de redécouvrir aujourd'hui, bien à l'abri des modes.

Sextus Empiricus ou l'art de la suspension

Malgré son nom tout droit sorti d'un album d'Astérix, Sextus Empiricus a marqué de son empreinte l'histoire des idées. Bien malgré lui. Car sa doctrine prônait *a contrario* l'absence de jugement sur les choses comme condition à la tranquillité.

Selon ce vénérable penseur, la paix profonde de l'être humain ou ataraxie ne pouvait naître que d'une absence d'opinion définitive sur les événements de la vie.

Une sorte d'existence suspendue, à simplement répondre aux sollicitations inévitables du moment.

On agit puisque l'action est requise, mais sans attachement. À noter que ce penseur était sans doute prêt, dans l'instant, à changer de doctrine et de conviction,

ou à n'en choisir aucune, manifestant ainsi une vraie liberté d'action.

Ce positionnement original gagnerait sans doute à être remis au goût du jour alors que nous sommes invités en permanence à donner notre avis, sur tout et n'importe quoi, en temps réel et de façon lapidaire de préférence.

Pour les sceptiques et pour Sextus Empiricus, c'est l'absence de certitude qui libère l'homme et lui permet d'être « en recul » sur les choses.

Ainsi le souligne-t-il dans l'ouvrage *Esquisses pyrrhoniennes* : « (...) quand ils [les sceptiques] eurent suspendu leur assentiment, la tranquillité s'ensuivit fortuitement, comme l'ombre suit un corps. »

Apprendre une vie simple et retrouver la tranquillité

L'ataraxie que l'on pourrait traduire par « absence de trouble » ne signifie pas absence de ressenti

ou d'émotion. Dans l'acception moderne de ce terme, utilisé en neuropsychiatrie, il est question d'indifférence émotionnelle.

Rien de ceci chez nos philosophes grecs.
Ils considèrent, et notamment les stoïciens, chaque événement comme un élément à vivre tel qu'il se présente, avec ou sans émotion.

Pour favoriser l'ataraxie et le calme intérieur, des exercices physiques et une certaine hygiène de vie sont prescrits, comme une éducation de la volonté.

Le cadre général permettra ainsi d'harmoniser l'être avec la vie cosmique. Grâce à ces conditions de vie favorables, les perturbations émotionnelles peuvent être évitées ou du moins réduites.

Pour autant, la vie stoïcienne n'est pas exempte de ressentis. Et le philosophe choisit de vivre les événements tels qu'ils se présentent, sans jugement.

Vivre les choses telles
qu'elles sont et non telles
qu'on voudrait qu'elles soient
nous permet d'apprendre,
comme les stoïciens,
à réconcilier l'idéal
avec la réalité.

92, avenue de France – 75013 Paris – France
Tél. : 01 44 16 09 00 – E-mail : firstinfo@efirst.com
Site Internet : www.editionsfirst.com

Kankyo Tannier

Petite bibliothèque pour évoluer : des trésors à portée de main

FIRST
ÉDITIONS

Voici une petite bibliographie touchant aussi bien à la spiritualité, qu'à la philosophie ou aux neurosciences. Des livres de tous styles abordant

le thème de la sérénité
et du calme intérieur. Tous
se rejoignent sur un point :
le chemin vers la sérénité est
une pratique, à renouveler
souvent.

Maître Taisen Deshimaru, *La Pratique du zen*, Albin Michel, 1981

Fondateur du bouddhisme zen en Europe, Maître Deshimaru décrit les bases de l'enseignement du Bouddha. Un livre adapté à notre vie moderne.

Pema Chödrön, *Entrer en amitié avec soi-même*, Pocket, 2000

Des règles simples de spiritualité au quotidien, pour retrouver un juste rapport aux choses. Écrit avec douceur et compassion : les mots d'une sœur.

Épictète, *Le Manuel*, IIe siècle apr. J.-C.

Doctrine de vie du philosophe grec et stoïcien Épictète, illustrée d'exemples pratiques tirés du quotidien. Un petit livre et de grandes idées : à découvrir.

Jean Giono, *L'Homme qui plantait des arbres*, Gallimard Jeunesse, 1953

Récit ou conte initiatique illustrant une autre façon d'être avec la nature. Le chemin d'un homme de conviction, écrit avec force et simplicité.

Roland Yuno Rech, *Manuel de méditation zen*, Le Relié, 2014

Axé sur l'apprentissage de la méditation pas à pas, par un maître zen contemporain, dirigeant des retraites dans toute l'Europe.

Hadewijch d'Anvers, *Écrits mystiques des béguines*, Points, 2008

Dans les pas d'une des plus grandes mystiques et poétesses du Moyen-Âge. Des mots à savourer et l'exemple d'une intensité spirituelle hors du commun.

Mâ Ananda Moyî,
L'Enseignement
***de Mâ Ananda Moyî*,**
Albin Michel, 1974

Figure spirituelle de l'Inde moderne et femme rayonnante, Mâ Ananda Moyî a inspiré de nombreux artistes et voyageurs spirituels à la fin du XXe siècle.

Christiane Singer, *Derniers fragments d'un long voyage*, Albin Michel (2007)

Un livre-testament plein de sagesse : comment faire face à la maladie ou la mort avec calme et sérénité. Journal d'un départ.

Ibn ʿArabi, *Voyage vers le maître de la puissance : Manuel soufi de méditation*, Les éditions du Rocher, 1994

Grand poète de l'Islam et mystique fervent, Ibn 'Arabi nous livre ici les secrets de sa rencontre avec Dieu. Témoignage écrit au XIIe siècle.

Leonard Scheff et Susan Edmiston, *Une vache sur ma place de parking !*, Livre de poche, 2013

Petites leçons zen pour apaiser sa colère. Exemples joyeux et amusants tirés du quotidien que l'on pourrait sous-titrer « Comment changer de regard ».

Ne peut être vendu séparément
de la boîte *100 grammes de bien-être*

92, avenue de France – 75013 Paris – France
Tél. : 01 44 16 09 00 – E-mail : firstinfo@efirst.com
Site Internet : www.editionsfirst.com

Kankyo Tannier

Hadewijch d'Anvers, une femme mystique

FIRST
ÉDITIONS

À travers les siècles, certaines vies se distinguent des autres. Hadewijch d'Anvers est l'une d'entre elles : un exemple d'intelligence et de sagesse qui nous éclaire encore aujourd'hui. Ses écrits, redécouverts au XXe siècle, ont étonné par leur beauté et leur profond mysticisme, donnant le sentiment d'avoir mis la main sur un trésor.

Une vie hors normes

En plein Moyen-Âge (XIIIe siècle), tandis que l'Église instille dans tous les actes de la vie sociale une morale des plus sévères, des femmes – les béguines – décident de s'installer ensemble dans une vie de prière. Leur mot d'ordre est la liberté, associée à des règles de pauvreté très strictes.

Ne prenant aucun vœu monastique, les béguines échappent ainsi à toute soumission à un ordre religieux.

Elles s'organisent entre elles, selon un mode de gouvernance démocratique, et subsistent à leurs besoins.

C'est dans cette démarche, des plus révolutionnaires pour l'époque, que se glissera tout naturellement Hadewijch d'Anvers.

Elle y trouvera l'espace nécessaire à l'expression d'une spiritualité mystique.

Des paroles et des actes

Pour Hadewijch et ses sœurs béguines, la spiritualité se joue au quotidien.

Elles font partie de la même famille que les « ordres mendiants » souhaitant reproduire, à travers leur vie même, l'exemple du Christ.

Elles s'intéressent donc davantage aux détails concrets de la vie du Christ qu'à l'exégèse biblique

et trouvent dans son parcours
humain la motivation
de leur propre chemin.

Mais, outre une vie des plus pieuses, c'est surtout l'ouverture à l'invisible (à Dieu) qui illumine les œuvres

d'Hadewijch d'Anvers. Il s'agit pour elle de rencontrer Dieu ici-bas, dans cette vie-ci, dans chaque action du quotidien.

Que ce soit dans les *Visions*, les *Poèmes strophiques* ou sa correspondance retrouvée (*Les Lettres*), la béguine s'illustre par une personnalité forte

et déterminée, l'incitant
à aller toujours plus loin dans
son abandon. Ou pour le dire
en termes plus modernes :
une femme manifestant
en toute occasion le courage
du lâcher-prise.

Un exemple pour notre temps

Cet exemple nous montre sans doute l'importance de se frayer un chemin en accord avec ses valeurs les plus profondes, quel que soit le modèle social proposé par l'époque. Les poèmes retrouvés montrent en effet le bonheur d'une vie pleine de sens.

Pour Hadewijch, c'était la quête mystique. Mais d'un point de vue plus large : et si la sérénité se nichait là ?

Un accord simple entre son cœur et sa vie ? Quand cet accord est présent, quand la vie vécue correspond à ses envies profondes, les épreuves prennent une autre dimension et deviennent des étapes nécessaires pour avancer.

Alors, comme le fit Hadewijch d'Anvers, sortir du modèle établi, reconsidérer les modes de l'époque et les passer

au crible de ses désirs peut devenir un chemin original et redonner un sens à la vie.

Ne peut être vendu séparément
de la boîte *100 grammes de bien-être*

92, avenue de France – 75013 Paris – France
Tél. : 01 44 16 09 00 – E-mail : firstinfo@efirst.com
Site Internet : www.editionsfirst.com

Kankyo Tannier

Valeurs et vie : êtes-vous raccord ?

FIRST
ÉDITIONS

La Voie de la sérénité peut
résonner différemment
en chaque être humain.
Mélodie, symphonie
ou chanson douce : quelle
que soit la musique choisie,

il s'agira dans tous les cas
d'en explorer les nuances
et d'adopter le bon tempo,
en pleine connaissance
de cause.

Dans cette perspective, faire des choix en accord avec nos valeurs, savoir quelle musique nous convient, apparaît comme la première étape.

Évident, me direz-vous, oui, mais pas toujours. Les occasions sont nombreuses de tourner le dos à ce qui nous anime au plus profond pour répondre aux sollicitations diverses.

Prendre conscience de ses valeurs

Qu'est-ce qui nous anime, nous fait vibrer, donne du sens à notre vie ? Pour certains ce sera la liberté, fonder une famille ou encore réussir professionnellement.

Pour d'autres, partir au bout du monde, construire une maison ou vivre dans un monastère. Chacun est différent.

Mais les personnes les plus stables et les plus heureuses sont celles étant parvenues à accorder leur vie sur leurs valeurs. Vous en avez sûrement rencontrées : de ces êtres émane une force tranquille à même de créer autour d'eux une atmosphère rassurante. Des chênes en plein vent, aux racines solidement plantées. Mais, pour installer une telle stabilité, le challenge est réel !

Exercice pour mieux se connaître, les 8 valeurs

Prenez un carnet et notez les huit choses les plus importantes pour vous dans cette vie. Et pour aider votre réflexion, imaginez :

à supposer que votre vie doive s'achever dans trois ans, que vous faudrait-il absolument avoir accompli, découvert ou changé ?

Les notions de bien ou de mal, de morale ou de devoir n'ont ici pas lieu d'être. Écrivez pour vous, sans considérer le point de vue d'autrui. Pour VOUS, qu'est-ce qui est important ?

Il est possible de noter des valeurs précieuses, mais qui ne sont pas encore là, pour le moment, des aspirations : voyager, renouer avec vos parents, avoir un enfant, vous lancer dans le yoga...

**Étudiez vos rêves,
souvenez-vous de vos désirs
d'enfant ou d'adolescent.**

Et puis classez-les par ordre de priorité.

Confrontez vos valeurs

Cette étape va vous demander une bonne dose d'honnêteté intellectuelle : une sorte de négociation ultime et déterminée avec vous-même. Vous avez fait un premier classement de vos valeurs. Il va maintenant s'agir de le déconstruire, ou de l'affirmer.

Prenez chaque valeur
et confrontez-la avec les sept
autres, une par une. Si votre
valeur n° 1 est de voyager
et la n° 2 d'avoir un enfant :
vous allez devoir... choisir !
Dans cet exercice, il s'agit

de prioriser les choses.
En effet, il est très fréquent au cours de nos vies de devoir se décider entre deux actions très importantes. Connaître vos priorités va vous rendre les choses beaucoup plus simples.

Alors pour chaque valeur, imaginez – sans tricher – que vous ne puissiez pas avoir les deux : des voyages à gogo, mais pas d'enfant ou bien des enfants, mais en restant toujours dans votre pays…

L'exercice est rude, mais la clarté sera au bout du chemin.

Alors, comme ce chêne majestueux, vous vous sentirez plus stable et plus ancré, en deux mots... plus serein.

Ne peut être vendu séparément
de la boîte *100 grammes de bien-être*

92, avenue de France – 75013 Paris – France
Tél. : 01 44 16 09 00 – E-mail : firstinfo@efirst.com
Site Internet : www.editionsfirst.com

Kankyo Tannier

Mâ Ananda Moyî, parcours spirituel (1896-1982)

FIRST
ÉDITIONS

Une fois n'est pas coutume, une grande figure spirituelle du siècle dernier nous vient d'Inde.

Contrée immense, effervescente et contrastée, l'Inde était en effet le berceau idéal d'une femme non moins étonnante par le destin qui fut le sien.

Pendant toute sa vie, elle a sillonné le sous-continent, d'une ville à l'autre, en attirant les foules.

**Présence magnétique,
Mâ Ananda Moyî a laissé
derrière elle des paroles
de sagesse illuminant encore
aujourd'hui notre monde,
comme des poussières
d'étoiles.**

Éléments biographiques

Mâ est née en 1896 dans une famille hindouiste fervente. Elle s'appelait alors Nirmalâ Sundari Devî.

Mariée très jeune, comme la tradition l'exigeait, elle est rapidement la proie d'extases et d'expériences mystiques.

Elle pratique alors pendant six années différentes ascèses sans recevoir réellement d'initiation, tandis que compréhensions et éveils spontanés se succèdent.

Dès lors, sa renommée va rapidement s'étendre et elle créera à travers les années plusieurs ashrams (lieux de pratique) et lieux de soins pour les plus démunis.

Son enseignement : la joie du renoncement

« Vous voulez être libre ? Alors, soyez comme l'oiseau échappé de sa cage, sans regret pour ce qu'elle lui offrait de nourriture et d'abri, et qui s'élance en plein ciel ».

Vivre détaché des biens matériels, dans la spontanéité de l'instant, est une voie suivie par de nombreux sages, qu'ils soient indiens ou occidentaux.

Une sorte de capacité, développée jour après jour, à se défaire du connu pour s'élancer vers des contrées nouvelles. L'essentiel de la vie de Mâ incarne ce chemin.

Outre cette aventure permanente, la vie de cette mystique est également marquée par des renoncements effectués de façon très particulière : dans la joie, dans une grâce naturelle et simple.

Son nom, emblématique, signifiait lui-même « Toute joie ».

Une vision

D'une beauté inouïe, toute de blanc vêtue, les photos représentant Mâ impressionnent encore aujourd'hui. Elles ont pour caractéristique de coller parfaitement à la réalité : une femme au visage lumineux, rayonnant de paix ; un visage, inspirant, que l'on retrouve parfois sur les représentations de madone.

« *Jo ho jahaye !* » (Que ce qui doit être soit !) était l'une de ses expressions préférées.

C'est ainsi qu'on peut contempler, année après année, les marques de l'âge caresser son visage, sans regret. Jeune ou âgée, Mâ n'a pas d'âge.

Elle est, ainsi. Elle semble traverser le XXe siècle comme une apparition, déposant les graines d'une sagesse pourtant bien réelle.

Ses paroles, offertes lors de retraites dans les différents ashrams où elle séjournait, ont été enregistrées et retranscrites.

Pour pouvoir les lire, il est nécessaire de déposer, pour quelques heures, notre esprit rationnel et cartésien.

Mâ Ananda Moyî parle
en effet d'ailleurs, depuis cet
autre regard qu'il nous est
parfois donné de pressentir.
Et ce regard témoignait
de la plus grande sérénité.

Ne peut être vendu séparément
de la boîte *100 grammes de bien-être*

92, avenue de France – 75013 Paris – France
Tél. : 01 44 16 09 00 – E-mail : firstinfo@efirst.com
Site Internet : www.editionsfirst.com

Kankyo Tannier

Faire une retraite à la maison

FIRST
ÉDITIONS

Pour se retirer du monde
et retrouver la sérénité,
l'idéal serait bien sûr
de dénicher un monastère
de quelque tradition spirituelle
et d'y séjourner une semaine.

Mais, que nous ayons utilisé nos dernières RTT ou asséché le compte en banque lors des dernières soldes, ces conditions idylliques ne sont pas toujours envisageables (encore que les séjours monastiques soient très abordables en général...).

Voici donc quelques idées pour retrouver l'esprit d'une retraite, c'est-à-dire pour se retirer du monde, en restant à la maison.

Prévoir une à deux journées chez soi

Il s'agit tout d'abord d'éviter tout contact avec le monde extérieur, son agitation et son rythme effréné.

Pour ralentir et se poser enfin, il est préférable de commencer par redécouvrir son rythme intérieur, son propre rythme, celui qui nous convient vraiment en dehors de toute contrainte.

En résumé : éviter d'être influencé par des personnes moins zen que nous et se concentrer sur soi.

Pour ce faire, rien de mieux que de rester dans son nid, bien au chaud, avec un léger programme d'action.

Se lever tôt

… et se coucher en début de soirée. C'est un élément clé pour profiter vraiment d'une belle et longue journée de retraite.

Les sages indiens de la médecine ayurvédique conseillent un lever aux aurores, vers 4 h du matin. C'est à cette heure-ci disent-ils que le monde est le plus paisible, car même les âmes des animaux seraient endormies.

Sans aller jusque-là, un lever avec les premiers rayons du soleil, fenêtre ouverte, semble du meilleur augure pour une journée lumineuse.

**Les aurores réservent
à ceux qui les contemplent
le merveilleux spectacle
de leurs pastels rosés.**

Dès le réveil, été ou hiver, ouvrez votre fenêtre et prenez un bain d'air. En ville ou à la campagne, l'air du petit jour est comme une invite à retrouver la nature et permet de s'y reconnecter.

Vous y décèlerez également toute l'énergie d'un jour qui s'élance. Ensuite ? Il n'y a plus qu'à se glisser dans cette dynamique naturelle pour commencer votre journée.

Débrancher

De nos jours, retrouver calme et tranquillité commence par un acte révolutionnaire : déconnecter. Débranchez les téléphones, ordinateurs, télévisions, tablettes. Tout ce qui peut constituer un lien avec l'extérieur

et vous distraire. Une retraite numérique en somme, à même de vous faire goûter aux joies de la liberté. Objets connectés éteints, vous n'avez plus de comptes à rendre : vous voici enfin libres, sans obligations.

Passé la première sensation d'étrangeté ou même de vide, posez-vous un instant pour réfléchir, longuement, tranquillement, à ce dont sera consacrée votre journée. Beaucoup de silence, un peu d'ennui créateur, de la musique écoutée attentivement, des repas préparés avec soin et dégustés en pleine conscience… et surtout une l'expérience d'un nouveau rapport au temps, dégagé des contraintes habituelles.

Mais attention toutefois : vous risqueriez d'y prendre goût !

Ne peut être vendu séparément
de la boîte *100 grammes de bien-être*

92, avenue de France – 75013 Paris – France
Tél. : 01 44 16 09 00 – E-mail : firstinfo@efirst.com
Site Internet : www.editionsfirst.com

Kankyo Tannier

Quelques mots sur... la sérénité

FIRST
ÉDITIONS

Petit voyage à travers les siècles, vers des penseurs divers : certains connus d'autres moins, mais tous ayant sur la question un point de vue à partager. Pour être serein, lisez plutôt !

« Donnez-moi le courage
de changer les choses que
je peux changer, la sérénité
d'accepter celles que
je ne peux pas changer,
et la sagesse de distinguer
entre les deux. »

Marc-Aurèle

« Le plus haut degré de la sagesse humaine est de savoir plier son caractère aux circonstances et se faire un intérieur calme en dépit des orages extérieurs. »

Daniel Defoe

« Nul bonheur, nulle sérénité, nulle espérance, nulle fierté, nulle jouissance de l'instant présent ne pourrait exister sans faculté d'oubli. »

Friedrich Wilhelm Nietzsche

« Il n'y a pas de philosophe
qui supporte avec sérénité
une rage de dents. »

William Shakespeare

« Rien ni personne ne peut
vous apporter la paix,
le bonheur, la sérénité,
à part vous-même. »

Ralph Waldo Emerson

« Accomplis ta tâche puis fais un pas en arrière. C'est le seul chemin qui conduise à la sérénité. »

Lao-Tseu

« La sérénité dans le désordre est un signe de perfection. »

Proverbe chinois

« L'art véritable n'a que faire de tant de proclamations et s'accomplit dans le silence. »

Marcel Proust

« Vagabonder à la surface des océans est souvent source de sérénité et, parfois, permet de tutoyer ses rêves. »

Nicolas Hulot

« L'homme de qualité reste calme et serein. »

Confucius

« Bonne est l'action qui n'amène aucun regret et dont le fruit est accueilli avec joie et sérénité. »

Bouddha

« Tant que tu n'as pas trouvé la paix en toi, ne la cherche pas ailleurs. »

La Rochefoucauld

« Le silence est une tranquillité mais jamais un vide ; il est clarté mais jamais absence de couleur ; il est rythme à l'image d'un battement de cœur sain ; il est le fondement de toute pensée et par là celui sur lequel repose toute créativité de valeur. »

Yehudi Menuhin

« La perfection, ce n'est pas de faire quelque chose de grand et de beau mais d'accomplir les choses avec grandeur et beauté. »

Swami Prajnanpad

« Celui qui, après avoir été négligent, devient vigilant, illumine la terre comme la lune émergeant des nuées. »

Bouddha

« La félicité suprême du penseur, c'est de sonder le sondable et de vénérer en paix l'insondable. »

Goethe

« La paix dans l'agnosticisme, la sérénité dans l'incroyance est un plus haut abri à l'usage d'esprits plus raffinés. »

Alexandra David-Néel

« La paix n'est pas l'absence de guerre, c'est une vertu, un état d'esprit, une volonté de bienveillance, de confiance, de justice. »

Baruch Spinoza

« L'idéal du calme est dans un chat assis. »

Jules Renard

« Peindre calmait le chaos qui agitait mon âme. »

Niki de Saint Phalle

Ne peut être vendu séparément
de la boîte *100 grammes de bien-être*

92, avenue de France – 75013 Paris – France
Tél. : 01 44 16 09 00 – E-mail : firstinfo@efirst.com
Site Internet : www.editionsfirst.com

Kankyo Tannier

Mieux respirer pour mieux vivre

FIRST
ÉDITIONS

Une des activités les plus simples et les plus accessibles, pour développer une tranquillité intérieure, est la mise en place d'une respiration harmonieuse.

Une respiration par le ventre, paisible, et surtout extrêmement consciente.

Une respiration comme un refuge, capable de nous faire traverser, en douceur, les situations potentiellement difficiles de la vie.

Les bienfaits de la respiration

En général, la plupart des personnes ont mis en place avec le temps une respiration haute et plutôt saccadée, dans le haut de la cage thoracique.

Ce mode respiratoire est sans doute un écho au stress, au manque de temps ou aux différentes difficultés que vivent nos contemporains.

Il se manifeste par un corps en tension, prêt à l'attaque ou à la fuite : deux modalités instinctives et ancestrales de réponse au stress.

Heureusement, il existe une autre façon de respirer, pratiquée dans les arts martiaux ou la méditation, et ayant pour vertu de modifier en quelques minutes notre rythme intérieur : la respiration abdominale.

Calme, énergie et efficacité

Précisons ici – et c'est essentiel – que l'on peut changer de rythme respiratoire, installer une respiration abdominale, et conserver une pleine capacité d'action et d'efficacité.

Il ne s'agit pas de la limiter à certaines occasions : avant de s'endormir, pour faire une pause détente, pour méditer, etc.

C'est au contraire un mode respiratoire à installer dans le quotidien, qui a pour effet de vous redonner de l'énergie tout en vous recentrant.

Vous pouvez ainsi pratiquer la respiration abdominale des journées complètes, travailler à l'ordinateur, parler au téléphone, marcher, en pleine conscience de votre corps... qui vous remerciera !

Découvrir la respiration abdominale

Une précision importante pour commencer : adopter cette respiration demande au pratiquant d'accepter que son ventre se gonfle !

En ces périodes de « dictature du ventre plat », il est parfois difficile d'intégrer cet exercice, mais les bénéfices seront tels qu'ils méritent bien ce petit changement de point de vue, n'est-ce pas ?

Voici donc un exercice – facile – pour découvrir la fameuse respiration abdominale : posez une main sur votre ventre, ressentez-le bien, familiarisez-vous avec cette sensation de chaleur et de douceur.

Expulsez tout l'air par la bouche ou le nez et laissez le ventre rentrer complètement, se vider dans sa totalité.

Puis, laissez-le se regonfler et l'air rentrer à nouveau dans le corps, c'est l'inspiration.

À l'inspiration le ventre se gonfle, à l'expiration, il se dégonfle.

Au début, essayez de pratiquer allongé, c'est plus facile. Ensuite petit à petit, faites-le assis, le dos droit, puis debout.

Vous pouvez vous entraîner discrètement dans différentes situations de votre vie quotidienne : dans le métro, dans une file d'attente, quand un gêneur monologue au téléphone, etc.

Après quelques semaines,
cette respiration sera devenue
instinctive et quotidienne,
et vous permettra d'accueillir
toutes sortes de situations
avec calme et sérénité.

Ne peut être vendu séparément
de la boîte *100 grammes de bien-être*

92, avenue de France – 75013 Paris – France
Tél. : 01 44 16 09 00 – E-mail : firstinfo@efirst.com
Site Internet : www.editionsfirst.com

Kankyo Tannier

Et l'amour dans tout ça ?

FIRST
ÉDITIONS

Passion amoureuse et perte de soi

« Aimer à perdre la raison

Aimer à n'en savoir que dire »

Vous connaissez sans doute ces vers d'Aragon décrivant à merveille l'état de passion amoureuse.

Les débuts d'une histoire, quand notre cœur bat à tout rompre, quand on analyse chaque mot dans les textos de l'être aimé (et qu'on soupèse soigneusement chaque mot de notre réponse).

Quand on tombe en pâmoison devant deux pigeons qui roucoulent, etc. Une période bénie – en fait – où l'on ressemble étrangement à un tournesol, entièrement dirigé vers les rayons de notre nouveau Soleil.

À ce moment-là hum comment dire pas de grande différence entre un drogué et nous !

Le monde extérieur nous intéresse moyennement, les conversations nous ennuient, à moins qu'elles ne concernent l'Élu, et nos activités perdent leur sens.

Un état de passion, étudié par des scientifiques et poètes de tout poil. Un état de créativité extrême, un peu hors du temps. Un état aussi dont il est bon de sortir, après quelques mois, de peur de se perdre complètement.

Dans la période de passion amoureuse, on recherche la fusion. Ceci pourrait d'ailleurs ressembler à une quête mystique.

Mais la différence avec cette dernière est sans doute pour l'amoureux passionné une soif tellurique, irrépressible d'être en présence de l'autre, qui emporte l'être « en dehors », comme un tourbillon.

« Pourquoi l'amour ? Pourquoi je t'aime ? »

Vastes questions. Les réponses sont multiples et le chemin semble long vers une réponse empreinte de sagesse telle que : « Je t'aime pour ce que tu es toi » (et non « Je t'aime parce que tu m'apportes ceci ou cela »).

Avant cet amour-là, on a toute la panoplie des « amours-médecins » ou « amours de réparation ». Des rencontres qui nous permettent d'avancer, dans la douleur parfois.

Aussi est-il bon de se poser cette question : quel est cet amour que je vis actuellement ou souhaite vivre ?

Pourquoi suis-je avec mon
compagnon ou ma compagne ?
Quelle place a réellement
l'autre dans notre relation ?
Suis-je capable de le regarder
vivre avec intérêt
et tendresse ?

Aimer et libérer l'autre

Alors, comment faire pour aimer avec « détachement » ? Comment éviter que l'autre ne soit là que pour satisfaire notre désir ou combler un manque ?

Et bien tout d'abord
en s'étudiant suffisamment
– à travers la méditation par
exemple – pour connaître
ce manque, l'accepter
et le laisser s'évanouir
de lui-même.

Non pas une fois pour toutes (ce serait trop simple !) mais à chaque fois qu'on en prend conscience : « Quelque chose me manque. Il y a un vide à l'intérieur. J'ai une sensation de perte... »

O.K. Je l'accepte et m'ouvre à cette émotion, sans combattre.

De cette manière, nous allons
prendre notre responsabilité.
Et commencer à libérer
l'autre de nos attentes,
lui rendre toute sa place dans

la relation : celle d'un autre,
différent, étonnant sans doute,
à découvrir et à aimer pour
ce qu'il est.

Ne peut être vendu séparément
de la boîte *100 grammes de bien-être*

92, avenue de France – 75013 Paris – France
Tél. : 01 44 16 09 00 – E-mail : firstinfo@efirst.com
Site Internet : www.editionsfirst.com

Kankyo Tannier

Comment vivre en pleine conscience

FIRST
ÉDITIONS

Si l'idée de vivre en pleine conscience de nos actes nous paraît tout à fait attirante, imaginez plutôt le contraire : vivre comme sous hypnose, dirigé par la consommation,

les derniers buzz ou clips
à la mode, en passant
d'un désir à l'autre, au gré
du vent, tel un petit papillon.
C'est le risque qui nous guette
souvent, à vivre comme

dans une ville assiégée : bombardés d'informations du matin au soir, lesquelles demeurent souvent invisibles ou subliminales. Pour reprendre donc le contrôle de nos actes et de notre conscience, voici quelques propositions simples et pratiques qui nous permettront d'expérimenter enfin : la vraie liberté.

La première pensée

Tout se joue le matin, au saut du lit. Le réveil sonne. Une première pensée émerge, sans doute embrumée : quelle est-elle ? « Oh non, pas déjà l'heure ! » ou « Bon, encore

5 minutes et je me lève » (technique risquée...) ou c'est alors la liste de toutes les choses à faire pendant cette journée qui commence à défiler dans notre tête.

Une autre voie est possible : prendre conscience, à peine éveillé, de cette première pensée et de l'émotion qui l'accompagne. Et puis décider consciemment de la laisser à distance, ou de ne pas s'y intéresser. Retrouver la page blanche, celle qui permet de commencer la journée de façon fraîche, avec curiosité et enthousiasme. Dès le lever du jour, par une simple prise de conscience, il devient ainsi possible de choisir son état d'esprit. Puisque nous sommes capables de maugréer au saut du lit, pourquoi ne pas inverser le processus et lancer à la place une émotion agréable ? À moins que nous ne préférions laisser les processus inconscients diriger la manœuvre ?

Ensuite, et pour compléter cette pratique, il est très profitable de terminer la journée, juste avant de dormir, par un petit récapitulatif. Une pratique commune à de nombreuses traditions chamaniques : revisiter les moments clés des dernières 24 h, constater les évolutions, regarder les erreurs commises pour ne plus les faire et décider, le soir même... de prendre conscience de la première pensée à faire jaillir le lendemain matin ! La boucle est bouclée.

Savourer une pomme

... ou une poire ou un délicieux vin bio sans sulfites. Mais le faire avec précaution, modération, en mesurant la chance qui est présente.

En d'autres termes, faire l'expérience d'une chose à la fois : un processus révolutionnaire dans cette société multitâches qui est la nôtre. Nous pouvons bien entendu croquer une pomme

sur le chemin du travail
en regardant les vitrines.
Mais s'asseoir. S'asseoir sur
un banc, se poser et savourer
la pomme. Voilà de quoi faire
tomber les fruits de l'arbre
de la connaissance !

Des millénaires après Ève, quoi de plus excitant que de sortir des sentiers battus. Au lieu de courir et d'enchaîner les activités, s'arrêter. Et manger une pomme.

Les plus grands artistes
et chercheurs ont d'ailleurs
souvent initié leurs
découvertes dans un tel
moment de calme et d'attente
paisible. Newton, sous son

arbre (la pomme encore...), était bien posé là sans rien faire de spécial. Sans compter le nombre de maîtres zen arpentant les montagnes et contemplant les chutes d'eau, pour rien, juste comme cela, sans même prendre de photos ni publier l'information sur Facebook.

Une chose à la fois. Une pomme pour la liberté, voilà pour le slogan : à pratiquer souvent.

Ne peut être vendu séparément
de la boîte *100 grammes de bien-être*

92, avenue de France – 75013 Paris – France
Tél. : 01 44 16 09 00 – E-mail : firstinfo@efirst.com
Site Internet : www.editionsfirst.com

Kankyo Tannier

Méditation zen : le corps comme un trésor

FIRST
ÉDITIONS

Notre société sollicite beaucoup l'analyse, le cerveau frontal : nous sommes éduqués à réfléchir et à analyser.

En dehors de quelques heures de sport hebdomadaire, le corps est souvent négligé.

Rudolf Steiner, savant du XXe siècle, comparait ainsi les enfants modernes à des ballons de fête foraine : la tête immense et le corps comme un fil.

L'image est saisissante, nous invitant sans doute à modifier notre rapport au corps et à lui redonner la place qu'il mérite.

C'est ce qui est proposé dans toutes les formes de méditation, et plus particulièrement dans la méditation zen (zazen).

Apprendre ou réapprendre la conscience du corps dans une posture particulière, favorisant la concentration.

Quelle posture pour zazen, la méditation zen ?

L'important est de s'asseoir de manière stable et le dos droit. Le but de notre assise est de pouvoir rester immobile, ou presque, pendant de longues minutes voire de longues heures. Avec l'habitude et dans le cadre de retraites, les pratiquants peuvent s'installer pour faire zazen 6 à 12 h par jour.

Mais ceci dépendra bien entendu de la posture adoptée.

Il est donc conseillé de s'installer sur un zafu, coussin de méditation, et d'adopter la posture de demi-lotus en maintenant les deux genoux en contact avec le sol.

Toucher la terre, être présent sur le sol, physiquement est un aspect fondamental, à même de créer une belle stabilité du corps.

Au début, cette posture peut sembler difficile et méritera un entraînement. C'est normal. Mais la plupart des personnes en sont capables. Pour les autres, ayant par exemple un souci de santé, il est possible de méditer à genoux sur un petit banc ou une chaise ergonomique.

Comment se tenir droit et maintenir la posture ?

L'énergie de la colonne vertébrale conditionnera celle de notre pratique. Étant bien souvent et sans le savoir en hyperactivité, beaucoup de personnes peuvent ressentir de la fatigue lorsqu'elles s'arrêtent et se posent pour la première fois. La méditation ressemblera alors fortement à une sieste éveillée. Pour redonner de l'énergie au corps et libérer la tête, il est recommandé de maintenir le dos droit et d'étirer la colonne vertébrale.

Pour ce faire, le point-clé est un mouvement du bassin vers l’avant, de manière à cambrer le bas du dos et à redresser la posture. Le sommet de la tête pousse vers le ciel, les genoux sont en appui sur la terre et le corps s'équilibre ainsi entre ces deux pôles, dans une belle harmonie.

Les bénéfices invisibles

Séance après séance,
le pratiquant de zazen apprend à être plus présent : dans son corps, dans l'instant, dans la réalité. La présence au corps

est de nature, en elle-même,
à libérer le mental. Comme
si les énergies de la tête
et du corps avaient soudain
la possibilité de se rééquilibrer.

Une meilleure connaissance du corps est également très utile au quotidien et dans nos relations aux autres. Une personne ayant l'habitude de ressentir son corps sera,

par exemple, beaucoup plus
à l'aise pour parler en public.
Elle y trouvera les ressources
pour se sentir en confiance,
le corps comme un refuge.

Ne peut être vendu séparément
de la boîte *100 grammes de bien-être*

92, avenue de France – 75013 Paris – France
Tél. : 01 44 16 09 00 – E-mail : firstinfo@efirst.com
Site Internet : www.editionsfirst.com

Kankyo Tannier

Pour une communication apaisée

FIRST
ÉDITIONS

À l'heure de l'hypercommunication, alors que l'échange des données a atteint un niveau inégalé, il serait sans doute temps d'apprendre à mieux communiquer. Sur les réseaux sociaux, les forums du web ou simplement dans les transports en commun, les règles de communication sont désormais proches de la loi de la jungle tandis que les formules de politesse ont été reléguées aux oubliettes. Dommage. Car leur but premier est simplement de montrer à l'autre que nous l'avons vu.

Prendre en considération ses semblables étant la base d'une vie en société sereine, réapprendre à communiquer apparaît désormais comme l'un des grands chantiers du XXIe siècle.

Mieux se connaître pour mieux s'exprimer

Prenons l'exemple d'une réunion de travail comme il y en a tant. Les thèmes abordés, le ton sur lequel les sujets sont amenés vont susciter en nous telle ou telle émotion. Il est bien rare que tous les sujets nous laissent intérieurement paisibles, c'est normal.

La première chose à faire pour une communication apaisée est de prendre conscience en temps réel de l'émotion qui nous anime : sensation d'injustice, colère, gêne... Les émotions

peuvent être nombreuses.
Cette prise de conscience nous permet ensuite de répondre ou de nous taire à partir d'une position de recul intérieur.

Ne pas parler, par exemple, en réaction ou sous le coup de la colère, mais installer le réflexe d'une sorte de projecteur intérieur vers son propre ressenti.

Bien entendu, cette nouvelle façon d’être demande un entraînement, surtout pour les sujets auxquels

nous sommes les plus sensibles (concurrence avec d'autres, perfectionnisme, etc.).

Accepter les points de vue différents

Pour instiller un peu
de douceur dans les rapports
humains, le ton de nos propos

est évidemment essentiel. Quelle que soit la manière dont l'autre nous a interpellé, le dialogue gagne toujours à se faire de façon apaisée.

Pour cela, partir de son propre point de vue « je pense que... », « il me semble que... » est essentiel.

Ces mots magiques vont permettre à l'autre de se sentir libre dans la discussion.

Voyez plutôt la différence entre ces deux phrases :

« Personne ne nettoie le café dans la salle des profs : c'est insupportable » et « La salle commune n'est pas assez propre à mon goût, j'aimerais que nous puissions en parler pour trouver éventuellement des solutions ».

La deuxième formulation présente deux atouts. Tout d'abord, elle n'accuse personne et l'atmosphère reste légère. Mais surtout, elle s'ouvre à un dialogue.

C'est-à-dire qu'elle accepte
le fait que des arguments
puissent être opposés :
« Pour moi c'est assez propre »,
« On a aussi besoin d'un peu
de liberté » par exemple.

Grâce à cette ouverture, cette considération de l'autre, la tension s'apaise et les échanges peuvent

le plus souvent redevenir constructifs, alors, pourquoi s'en priver ?

Ne peut être vendu séparément
de la boîte *100 grammes de bien-être*

92, avenue de France – 75013 Paris – France
Tél. : 01 44 16 09 00 – E-mail : firstinfo@efirst.com
Site Internet : www.editionsfirst.com

Kankyo Tannier

Quelques films à découvrir

FIRST
ÉDITIONS

Zen : ici et maintenant, Arnaud Desjardins, 1971

Tourné dans les années 60-70, tous les documentaires spirituels d'Arnaud Desjardins offrent des témoignages rares

et précieux. Celui-ci traite
particulièrement
de sa rencontre avec le maître
bouddhiste Taisen Deshimaru.

Gandhi, Richard Attenborough, 1982

Une fresque historique époustouflante. Le destin

d'un homme hors du commun et la preuve que la doctrine de l'Ahimsa (la non-violence) est efficace.

Demain, Cyril Dion et Mélanie Laurent, 2015

Sous-titré « Partout dans le monde des solutions existent », ce documentaire offre une série de petites prises de conscience pour changer le monde, pas après pas. Un optimisme revigorant.

En quête de sens, Nathanaël Coste et Marc de la Ménardière, 2015

Cousin du précédent film évoqué, les deux auteurs ont parcouru le monde pour interroger des personnes sur ce qui les anime et leur donne de l'espoir. Un voyage au-delà de nos croyances.

***Sur le chemin de l'école*, Pascal Plisson, 2012**

Quatre enfants sont filmés dans différents endroits du globe, sur le chemin menant à leur école.

Un parcours étonnant, parfois dangereux ou plein de poésie. Pour changer de regard sur nos conditions de vie, ici, en occident.

La Belle Verte, Coline Serreau, 1996

Film d'anticipation écologiste et optimiste : quand des êtres évolués et paisibles d'une

autre planète viennent sur
la nôtre pour nous apprendre…
à contempler les arbres.

***Amongst White Clouds*,**
Edward A. Burger, 2005

L'incroyable témoignage d'un jeune américain parti à la rencontre des ermites zen des montagnes chinoises.

Il y passera quelques années,
ce film documentaire
en témoigne, avec des images
rares et sincères.

Darshan, l'étreinte, Jan Kounen, 2003

Quelques mois dans la vie d'Amma, mystique indienne connue pour prendre les personnes qui viennent la voir dans ses bras, longuement, comme une mère. Coloré, effervescent et questionnant.

***Le Guerrier pacifique*, Victor Salva, 2006**

Une rencontre initiatique entre un jeune étudiant sportif et « Socrate », sage moderne, travaillant dans une station-service. Ce dernier lui soumettra quelques épreuves à dépasser, pour pouvoir traverser… de l'autre côté.

La Prophétie des Andes, Armand Mastroianni, 2006

À la recherche d'un manuscrit datant de 600 ans av. J.-C., les protagonistes explorent les méandres de la psychologie humaine et apprennent à se libérer des émotions négatives. Neuf étapes sur un chemin de vie.

Ne peut être vendu séparément
de la boîte *100 grammes de bien-être*

92, avenue de France – 75013 Paris – France
Tél. : 01 44 16 09 00 – E-mail : firstinfo@efirst.com
Site Internet : www.editionsfirst.com

Kankyo Tannier

Fragments sonores et musicothérapie

FIRST
ÉDITIONS

La musique a cette vertu de toucher directement les cœurs. Elle peut nous transporter ou nous ramener dans le moment présent, en un clin d'œil. Voici donc pour vos oreilles et pour votre cœur quelques propositions sonores, comme un voyage...

Mozart, *Messe du couronnement KV.317 en Ut majeur*

Les neuroscientifiques étudient depuis plusieurs années les effets de la musique de Mozart sur le cerveau. Le principal effet étant d'apaiser l'anxiété, pourquoi s'en priver ?

Abdullah Ibrahim, *Banyana*, Enja Records, 1976

Une ode au divin par un pianiste de jazz converti à l'islam. Pur bonheur auditif, toute la délicatesse et la fougue d'une foi naissante.

Erik Satie, *Gymnopédies*, 1888

Des arpèges délicats au piano... entrecoupés de silence... Des notes égrenées patiemment... symbole d'un temps qui s'élargit. Poésie pure.

Robert Lissalde et Jean-Louis Fargier, *Bio Music One*, Loriana Music

Les compositeurs de ces albums ont étudié scientifiquement les propriétés des ondes sonores pour créer une musique réharmonisant l'eau du corps.

Gayatri Mantra

Un des plus anciens mantras de l'humanité, venu d'Inde. Puissant et enveloppant. À écouter dans une version traditionnelle et lente.

John Cage, *4'33"*, 1952

Difficile de parler de cette œuvre sans la dénaturer. Ouvrez simplement vos oreilles et écoutez... Vous serez surpris !

Lama Gyurme et Jean-Philippe Rykiel, *Rain of blessings*, Real World, 2012

Des chants bouddhistes
traditionnels revisités.
Rencontre entre un lama
tibétain (moine bouddhiste
ou enseignant religieux
du bouddhisme tibétain)
et un pianiste contemporain.
Calme, posé, apaisant.

Haendel, *Israël en Égypte*, 1737

Sublime oratorio
du compositeur germano-
britannique Georg Friedrich
Haendel, qui relate la sortie
d'Égypte du peuple d'Israël.
Musique pour chœur et voix
touchant la grâce.

Leonard Cohen, *Songs of Leonard Cohen*, Columbia Records, 1967

Une voix envoûtante sur une musique dépouillée. Contient le fameux tube « Suzanne », mais aussi le mystérieux « The Stranger Song » dont l'ambiance hypnotique ouvre la porte à tous les possibles.

Ne peut être vendu séparément
de la boîte *100 grammes de bien-être*

92, avenue de France – 75013 Paris – France
Tél. : 01 44 16 09 00 – E-mail : firstinfo@efirst.com
Site Internet : www.editionsfirst.com